Alphaplus

Mein Lernportfolio

Cornelsen

Das bin ich

Name: ______________________________

Vorname: ______________________________

Adresse: ______________________________

____

Telefonnummer: ______________________________

Geburtsdatum: ______________________________ Geburtsort: ______________________________

Beruf: ______________________________

Familienstand: ☐ ledig ☐ verheiratet ☐ geschieden

Meine Kinder: ______________________________

____

____

Datum, Unterschrift: ______________________________

☺ Das mag ich: ______________________________

____

☹ Das mag ich nicht: ______________________________

____

Wie heißen Sie? Ich heiße ______________________________
Woher kommen Sie? ______________________________
Wo wohnen Sie? ______________________________
Was machen Sie? (Beruf) ______________________________

Mein Alpha-plus-Kurs
Kursleiter/in: ______________________________ Ort: ______________________________

Montag	Dienstag	Mittwoch	Donnerstag	Freitag	Samstag	Sonntag
von bis						

Mein Sprachenpass

	☺ sehr gut	😐 gut	☹ nicht so gut
Muttersprache:			
hören und verstehen			
sprechen			
lesen			
schreiben			
Schulbesuch:			
Sprache: Deutsch			
hören und verstehen			
sprechen			
lesen			
schreiben			
Kurse:			
Sprache:			
hören und verstehen			
sprechen			
lesen			
schreiben			
Kurse:			

Das habe ich mit Alpha plus gelernt

Arbeitsblätter zu den Lektionen

1 + 2 A, M, L, E, S, R

H M e G A D m N v R L T O a K A S m W a E B M l s z r

LoArmSdoEsellKtMesseroMama *oMamaeTeMesseriqoArmTEselArn*

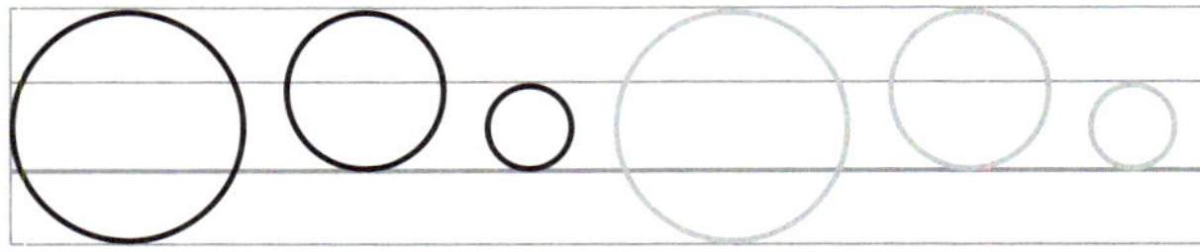

__pfel __ilch __öffel __alat __adio __lefant

la le sa se ra re ma me al as am

3 O, N, D

Opa essen Name Mutter Ananas Sohn

ALI

Nase Dose Radio Mama Oma lesen Name

O o A a D E L M N R S

__ u __ __

__ __ __ __ __ i

__ h __

T __ __ __ t __

1

__

__

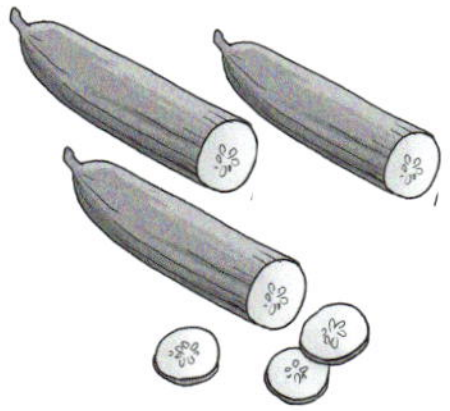

__

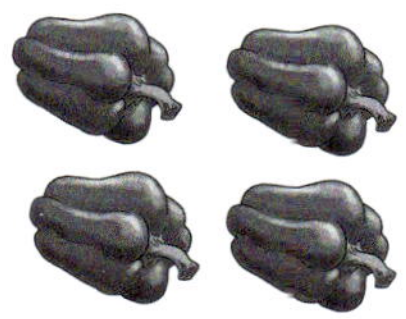

__

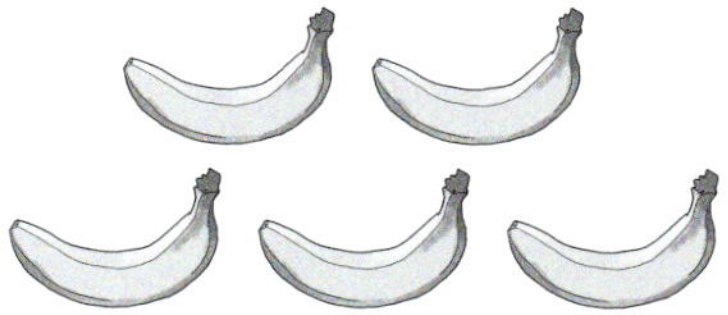

4 I, F, G

W(i)r (g)ehen mit Freunden ins Kino.
Ich höre gern Musik und ich tanze gern.
Ich koche gern Gemüse und Kartoffeln.
Gitta feiert ein Fest im Garten.

__abel	__nternet	__uß	Mus__k	Tele__on	I__el
		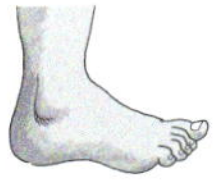			

Essen|Sie|gern|Salami? *Essen Sie gern Salami?*

GrillenSiegern? ____________

Sielesengern. ____________

lesen	fragen	essen	lernen	singen	grillen
			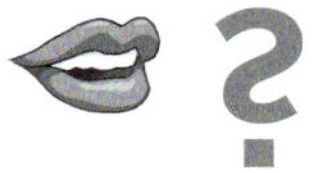		

Meine Wörter: ____________

5 U, B, T

Gelb und rot	eine Tasse Tee?
Sie essen mit	sind Farben.
Nehmen Sie	ist Untere Gasse 7.
Meine Adresse	Messer und Gabel.

1. Mia hat einen …

2. Uta surft im …

3. Hast du ein …?

4. Essen Sie gern …?

5. Sie essen gern …

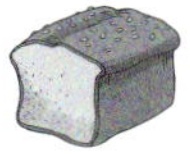

6. Das ist ein …

7. Die … ist rot.

8. Martin hat …

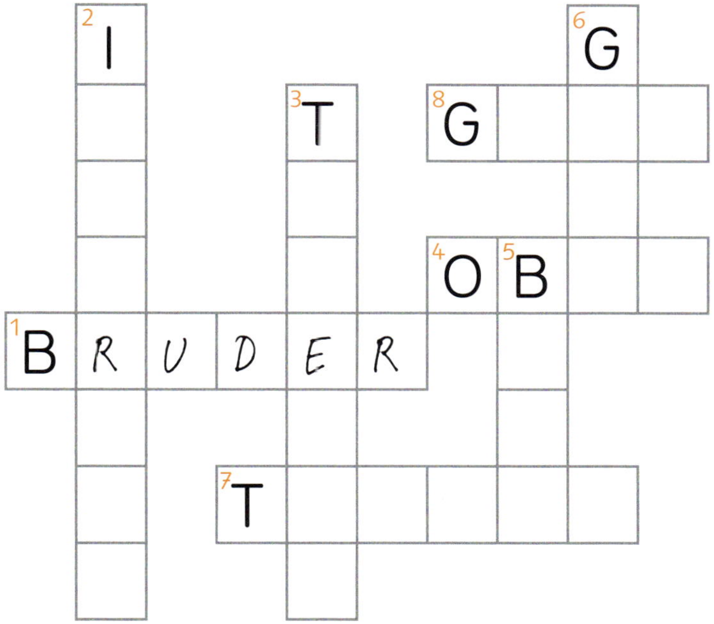

M *o* *n* tag   Diens __ __ g   M __ __ twoch   D __ __ nerstag

Freit __ __   S __ __ stag   S __ __ ntag

6 Ei, K, W

eierKd	neiB	suWrt	deir	rukGe	eeafKf
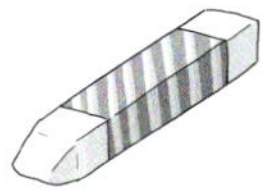	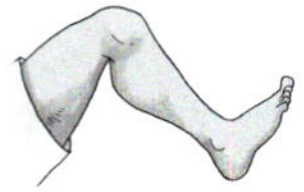		3	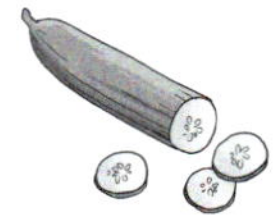	

	☺ Ja	☹ Nein
Essen Sie gern Eis?	☐	☐
Trinken Sie Wein?	☐	☐

	☺ Ja	☹ Nein
Haben Sie Kinder?	☐	☐
Gehen Sie gern ins Kino?	☐	☐

A a *arbeiten*	M m *Marmelade*	L l ______	E e ______
S s ______	R r ______	O o ______	N n ______
D d ______	I i ______	F f ______	G g ______
U u ______	B b ______	T t ______	Ei ei ______
K k ______	W w ______	______	______

3 + 5 = ___ 7 + 12 = ___ 10 + 8 = ___ 9 – 6 = ___ 13 – 2 = ___ 19 – 14 = ___

7 Au, P, Z

___hn Rez___t ___hn ___lz S_l_ ___lizei

CD 2.24

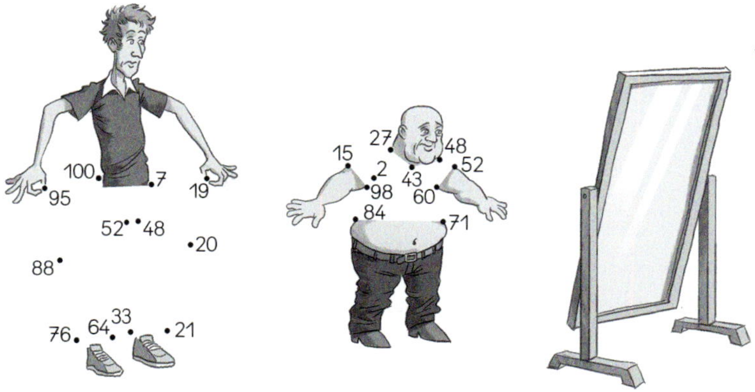

zwei · elf · drei · ~~und~~ · zweiundzwanzig
Auge · Bein · Auto · Mund · Daumen
Zeit · Suppe · Paprika · Pizza · Apfel
Auto · Zug · Bus · U-Bahn · Pause

Wie heißt die Frau? *Ines Kaufmann.*
Woher kommt sie? *Sie* ___
Wo wohnt sie? ___
Was kauft sie? ___
Was trinkt sie gern? ___

Zentrum · Mausefalle · Zitrone · Urlaub · Apfelbaum
parken · planen · zelten · bauen · zaubern

8 Ä, H, V

- Sind Sie verheiratet?
- Wo sind Sie geboren?
- Wann haben Sie Geburtstag?
- Wann beginnt die Feier?

- Am 3. März.
- Nein, ich bin ledig.
- Um halb drei.
- In Damaskus.

3 ______

1 ______

4 ______

1 ______

Am 8. März ist Frauentag. Am 1. Mai ist Tag der Arbeit.
Von Mai bis September arbeitet der Vater im Restaurant.

Zeit / du / Hast / um drei Uhr Hast ______ ?
ins Kino / wir / Gehen / morgen Gehen ______ ?

Meine Wörter: ______

9 Ö, J, Sch

die Butter ____

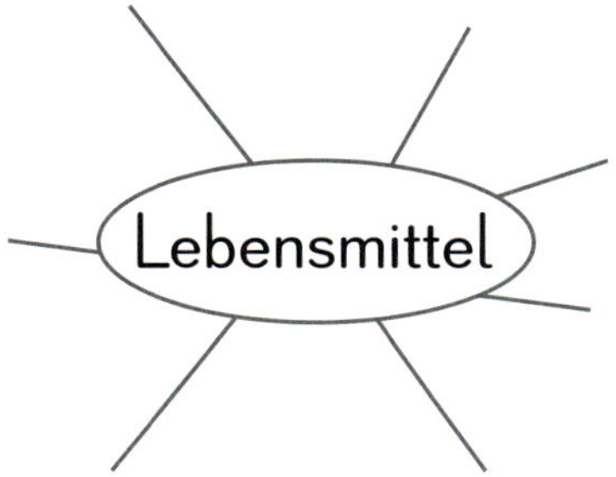

- [ ] • Ja. Was kostet der Emmentaler?
- [ ] ▪ 100 Gramm kosten 1,39 Euro.
- [ ] • Gut, dann nehme ich 300 Gramm.
- [1] ▪ Was darf es sein?
- [ ] ▪ Gern. Noch etwas?
- [ ] • Ein Kilo Rindfleisch, bitte.

eine P__ck______ N________ drei F________ W________ zwei T________ S________

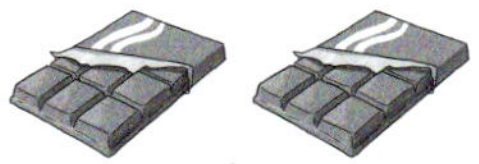

schreibt • eine Einladung • Er ________________________________.

einen Joghurt • Der Junge • kauft ________________________________.

gern Musik • Hören • Sie ________________________________?

12 Jahre alt • Meine Schwester • ist ________________________________.

ist • sehr schön • Der Schrank ________________________________.

10 Ü, St, Sp

 ____  ____  ____  ____

Auf Wiedersehen. • Bis bald. • Bis später. • ~~Danke!~~
im Park spazieren gehen • arbeiten • Sport machen • mit den Kindern spielen
schlafen • schreiben • hören • lesen • sprechen

1. aufstehen 2. einkaufen 3. fernsehen 4. abholen 5. frühstücken 6. anrufen

☐  ☐  ☐  [1] 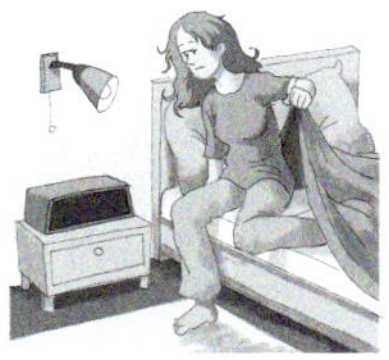 ☐  ☐ 

Was machen Sie morgen?

am Morgen: Ich stehe um ____ auf. Dann ____

am Mittag: ____

am Abend: ____

11 Äu, Eu

CD 2.47

Damenhosen	ab achzig Euro	im EG
Herrenanzüge	ab vierzig Euro	im 1. Stock
Wintermäntel	ab neunzig Euro	im 2. Stock

 drei M ______
 das F ______
 zwei H ______
 der D ______

 drei B ______
 zwei F ______
 die F ______
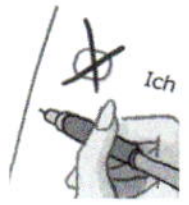 das K ______

- *Wollen Sie den Rock anprobieren* ?
- ______ ?
- ______ ?
- ______ ?

- Ja, ich probiere ihn an. 
- Ja, es gefällt mir sehr gut. 
- Sie kostet 39 Euro. 
- Nein, sie sind zu groß. 

Leute · Läuse · Beutel · Kräuter · Europarat · Verkäufer
wischen · staubsaugen · bügeln · abwaschen · streiten · träumen

12 Ch

CD 2.50

Das ist unser ~~Schlafzimmer~~/Wohnzimmer.
Es ist sehr groß/hoch und hell.
Wir haben einen Tisch, ein großes Sofa und drei/zwei Sessel.
Wir brauchen noch ein oder zwei Bilder/Schilder.

Hat die Wohnung einen Balkon?	Ich finde sie klein und zu dunkel.
Wie groß ist die Wohnung?	Nein, sie ist im zweiten Stock.
Wie gefällt Ihnen die Wohnung?	Nein, leider nicht.
Ist die Wohnung im Erdgeschoss?	Sie hat 86 m².

ein Buch – zwei ________	eine Tochter – drei ________	ein Koch – fünf ________
ein Stuhl – zwei ________	ein Schrank – drei ________	das Haus – fünf ________

In der Küche gibt es *einen Tisch* ________, ________ und ________. Der Mann braucht ________ und ________.

13 ie, C, ck

Schreiben Sie eine Notiz.

bin krank · ich · und · habe Fieber
heute · zu Hause · bleibe · ich
morgen · wieder zum Kurs · komme · ich

Lieber Friedrich,

____

____

____

1. Paul hat Rückenschmerzen. Sein ... tut weh.
2. Ich bin erkältet. Ich habe Husten und ...
3. Ich habe Zahnschmerzen. Ich gehe zum ...
4. Es geht mir schlecht. Ich bin ...
5. Mit dem Rezept gehe ich in die ...
6. Sie hört schlecht. Der Arzt untersucht ihre ...

Schluckauf · Liebeskummer · Infekt · Schock
glücklich · schrecklich · lieb · fiebrig · cremig

14 ß, Qu, X, Y

 ______  ______ 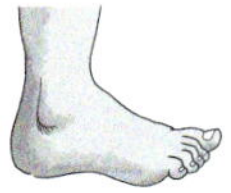 ______  ______

Schreiben Sie einen Dialog.

■ ______?

● ______

______

______.

Wie fährt Tom zum Kino? 

Wo muss er umsteigen? 

Wie lange geht er zu Fuß? 07:45 08:00

Er fährt ______

______

______

Er hat kein Auto.
Ich rufe dich an.
Peter ist 2 Monate alt.
Dort ist ein Feuer.

Ich habe deine Handynummer.
Er ist ein Baby.
Er fährt mit dem Taxi.
Ich sehe Qualm.

Das sind meine Themen

Arbeitsblätter zu den wichtigsten Themen

Familie

L6

O ___ und Opa

Mutter und V ______

Sch ________ und Bruder

T _ ch ____ und Sohn

T ______ und Onkel

Eltern und K ______

L9

Ich bin verheiratet und habe zwei Kinder: Ali und Romi.
Mein Sohn ist 10 Jahre alt. Meine Tochter ist 8 Jahre alt.
Wir und meine Eltern leben in Köln. Meine Schwestern wohnen in Bonn.

L3

Meine Familie:

L12

Im Kursraum

L6

L10

1. die L_____________
2. die T________
3. das H______
4. das ____ ch
5. die T__________
6. das B______
7. die K__________
8. der K______
9. der St______
10. das L__________

L10

▪ Wann beginnt der Deutschkurs?	• Wir lernen lesen und schreiben.
▪ Sprechen Sie Englisch?	• Nein, ich spreche nur Deutsch.
▪ Was lernen Sie im Kurs?	• Er beginnt am Dienstag um 10 Uhr.
▪ Hörst du gern Musik?	• Am Abend.
▪ Wann machst du die Hausaufgaben?	• Ja, sehr gern.

L14

Ich verstehe nicht. Bitte sagen Sie das noch einmal.
Entschuldigung, wie heißt das auf Deutsch?

Lebensmittel

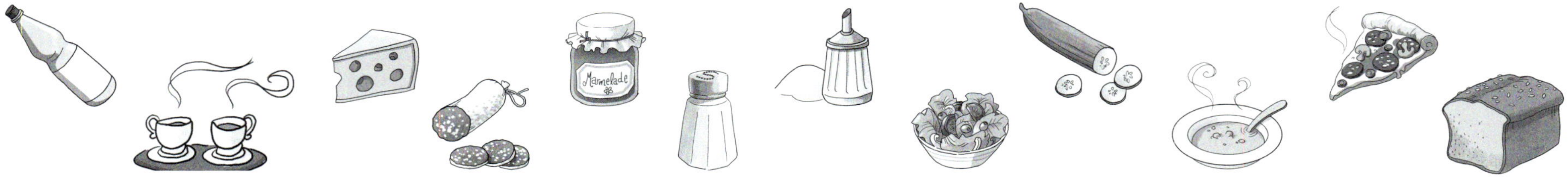

L5

L9

- ■ Was darf es sein?
- • Ich möchte 200 Gramm Salami.
- ■ Noch etwas?
- • Nein, das ist alles.

- ■ Was kosten die Tomaten?
- • Ein Kilo kostet 1,99 Euro.
- ■ Gut, dann nehme ich zwei Kilo.
- • Gern. Das macht dann 3,98 Euro.

L9

Julia kauft ein Kilo ______________, zwei Stück ______________,
eine Tafel ______________________, ein Glas ______________________,
eine Packung ______________, zwei Flaschen ____________,
einen Liter ____________ und sechs ____________.

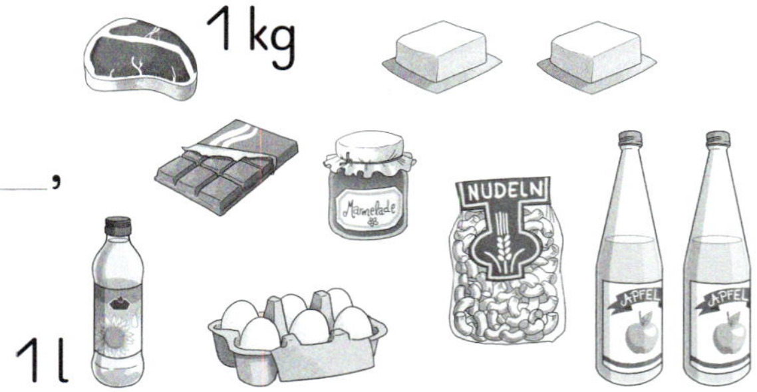

L9

Ich esse gern: ____

Ich esse nicht gern: ____

Zahlen

L5

 3 + 5 = 8

 ___ + ___ = ___

 ___ + ___ = ___

 ___ + ___ = ___

 ___ + ___ = ___

 ___ + ___ = ___

L9

0,60 €

2,30 €

0,80 €

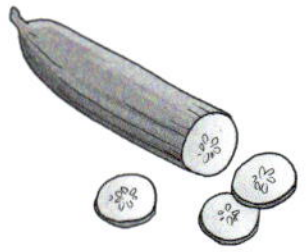

1,20€

Frau Salesch kauft
zwei Gurken
und eine Flasche Öl.
Das macht ___ Euro.

Herr Kilian kauft
einen Salat
und sechs Eier.
Das macht ___ Euro.

L9

- ■ Wie alt sind Sie?
- • Ich bin ___.
- ■ Wie lange leben Sie in Deutschland?
- • ___.
- ■ Wann haben Sie Geburtstag?
- • Ich habe am ___.
- ■ Wie ist Ihre Telefonnummer?
- • Meine Telefonnummer ist ___.

L13

fünf 5 | zwölf ___ | vierundzwanzig ___ | hundertsechzehn ___

siebzig ___ | tausend ___ | siebenhundertdrei ___ | achtundneunzig ___

Zeit

L6

☐ Samstag	2 Dienstag	☐ Sonntag	☐ Freitag
1 Montag	☐ Donnerstag	☐ Mittwoch	

L7

Wie spät ist es?

Es ist 14 Uhr 10.

14:10

01:00

L8

F__br___r		März
Januar		__pr__l
D__z__mb__r		Mai
November		J__n__
__kt__b__r		Juli
September		A__g__st

L12

am Vormittag · am Mittag · ~~am Samstag~~ · am Nachmittag · in der Nacht
Guten Morgen. · Guten Tag. · Gute Reise. · Guten Abend. · Gute Nacht.
die Hose · der Tag · die Woche · der Monat · das Jahr

Freizeitaktivitäten

L4

Der Opa grillt.

L10

Was machen die Personen auf dem Bild?

Die Oma kocht ________. Der Opa ________.

Der Mann ________ ________ ________.

Die Frau ________ ________.

Das Mädchen ________ und ________.

L10

- Gehen wir heute Abend ins Kino?
- Was machst du gern?
- Liest du gern Zeitung?

- Ich gehe gern spazieren.
- Ja, das finde ich interessant.
- Nein, heute habe ich keine Zeit.

L10

Das mache ich gern: ________________________________

St7

- Wir wollen am Samstag im Park grillen. Kommst du mit?
- Ja, gern.
- Können wir morgen zusammen Deutsch lernen?
- Nein, morgen muss ich arbeiten.

Alltag

L10

1

→ 2

→ 3

→ 4

→ 5

→ 6

→ 7

→ 8

L10

essen arbeiten frühstücken fernsehen
abholen ~~aufstehen~~ einkaufen bringen

1. Lene *steht* um 6:30 Uhr *auf*.
2. Dann ________ sie.
3. Tim ________ Susa in den Kindergarten.
4. Um 9:30 Uhr: Lene ________.
5. Um 14 Uhr ________ Lene Gemüse ____.
6. Am Nachmittag ________ Lene Susa vom Kindergarten ____.
7. Um 19 Uhr ________ sie zu Abend.
8. Am Abend ________ Lene und Tim ____.

L10

Mein Montag: ________________________________

____

____

Kleidung

L11

- ▪ Passt Ihnen das Kleid?
- ▪ Wie viel kosten die Schuhe?
- ▪ Wollen Sie die Bluse anprobieren?
- ▪ Gefällt dir der Anzug ?
- ▪ Wo gibt es Hosen für Jungen?

- • Ja, gern.
- • Ja, er ist sehr elegant.
- • Nein, es ist zu klein.
- • Im 2. Stock.
- • 80 Euro.

L11

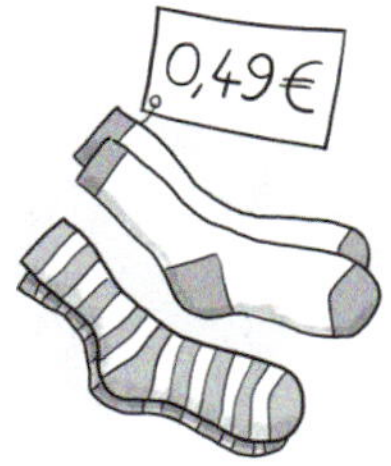

Die Jacke ist zu klein.

Die Socken sind billig.

L13

der Anzug

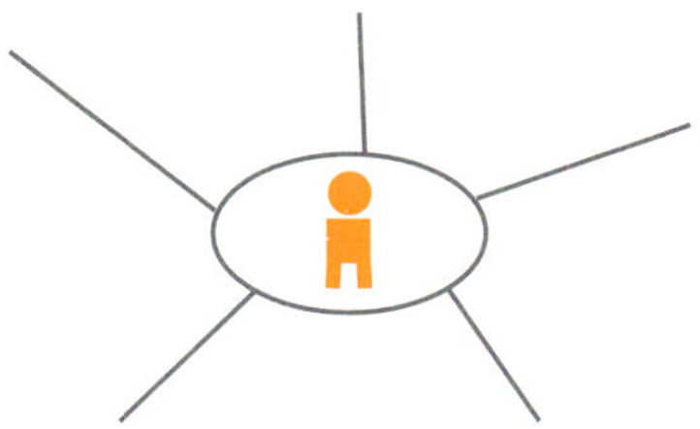
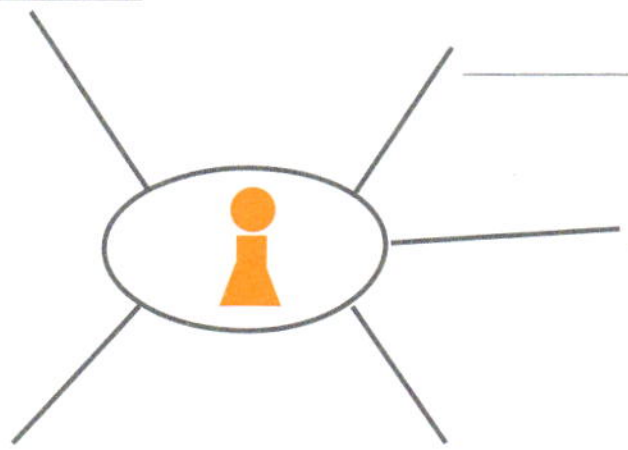

die Bluse

Wohnung

L9

- ■ Was kostet der Schrank?
- • Das ist kein Schrank. Das ist ein Regal. Es kostet 80 Euro.
- ■ Was kostet der Tisch?
- • 29 Euro.
- ■ Das ist billig. Ich nehme ihn.

L12

Welche Zimmer gibt es hier?

1. das Schlafzimmer
2. ______
3. ______
4. ______

L12

Was gibt es in den Zimmern?

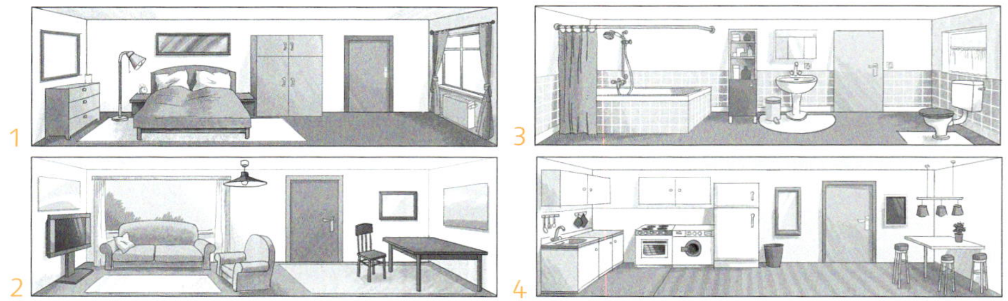

L12

Wo ist die Wohnung?
Wie viele Zimmer hat sie?

Wie groß ist sie?
Was kostet sie?

Köln-Mitte, 3-Zi-Whg., 85 m², EG, Kü, Bad, 850 € warm

L12

Meine Wohnung.

Gefällt dir deine Wohnung?

Ja, sie ist klein, aber sehr schön.

Beim Arzt

L7

1 der Mund	5
2	6
3	7
4	8

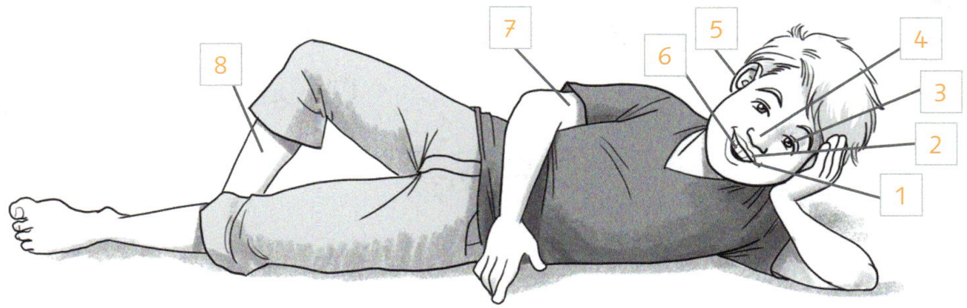

L13

Was tut Ihnen weh?

Mein Kopf tut weh.

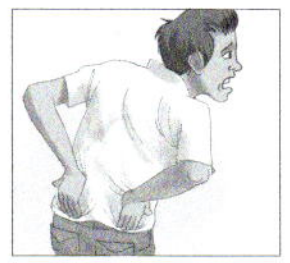
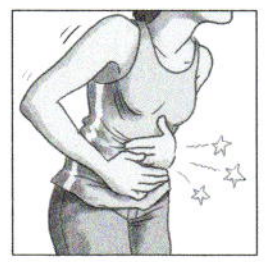

L13

- Meine Tochter ist krank. Sie hat Schnupfen, Husten und Fieber.
- Ihre Tochter hat eine Grippe.
  Ich schreibe Ihnen ein Rezept für Hustensaft und Tabletten.

L13

die Hausärztin · der Augenarzt · die Zahnärztin · ~~die Apotheke~~ · der Kinderarzt
das Krankenhaus · die Arztpraxis · die Apotheke · das Gesicht · das Wartezimmer
gesund · teuer · krank · erkältet · fit
das Gesicht · die Haare · der Finger · die Hand · das Fieber

In der Stadt

L14

Ich fahre mit dem Bus.

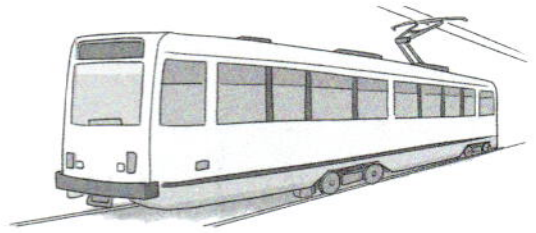

L14

Wo ist die Apotheke? – ________ ________ Kino.
Wo ist der Parkplatz? – ________ ________ Supermarkt.
Wo ist der Spielplatz? – ________ ________ Schule.

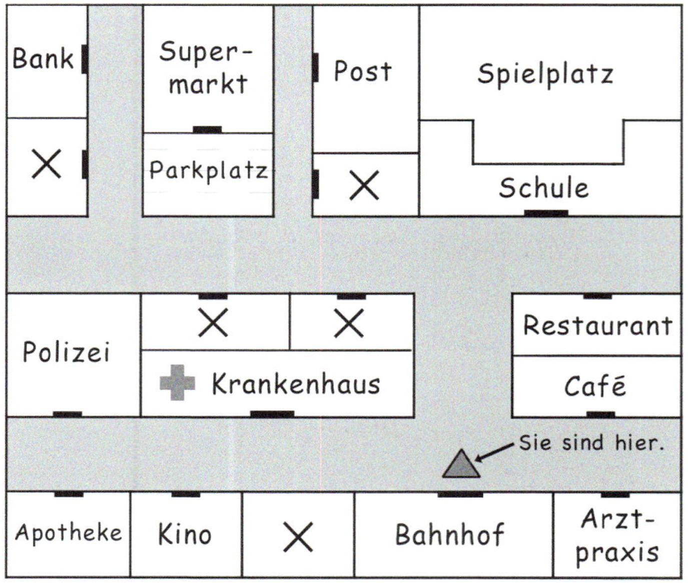

L14

- Entschuldigung, wie kommen ich zur Bank?
- Gehen Sie ________________ bis zur Kreuzung.
  Dort müssen Sie ________________ und dann
  die zweite Straße ________________.

L14

Beschreiben Sie den Weg von der Post zum Krankenhaus.

L14

Ich steige an der Kochstraße in den Bus ein. Am Bahnhof steige ich um.
Ich fahre mit der U-Bahn bis zur Hauptstraße. Dort steige ich aus.

So lerne ich

Ich arbeite mit Lernkarten.

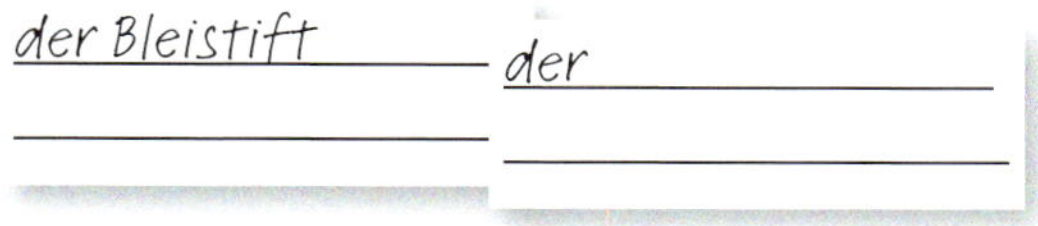

Ich lese Zeitung.

Ich lese meinen Kindern vor.

Ich höre Radio.

Ich klebe Vokabelkärtchen an die Möbel in meiner Wohnung.

____

Ich lerne mit Musik.

Ich spreche mit Freunden.

Ich lerne mit Bildern.

Ich sehe fern.

Ich mache Wortigel zu wichtigen Themen.

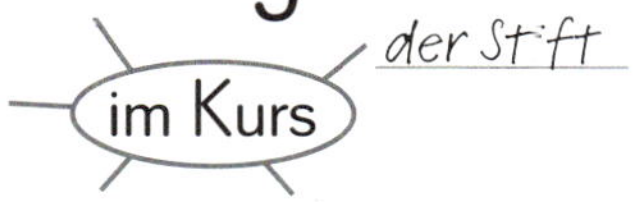

____

Alphaplus

Basiskurs
Deutsch als Zweitsprache

Mein Lernportfolio

Im Auftrag des Verlages erarbeitet von Peter Hubertus, Vecih Yaşaner und Anita Grunwald
In Zusammenarbeit mit der Redaktion: Anita Grunwald, Andrea Mackensen

Illustrationen: Matthias Pflügner
Gestaltung und technische Umsetzung: Buchgestaltung+, Berlin
Umschlaggestaltung: Ungermeyer. grafische Angelegenheiten, Berlin

www.cornelsen.de

1. Auflage, 1. Druck 2011

Alle Drucke dieser Auflage sind inhaltlich unverändert und können im Unterricht nebeneinander verwendet werden.

Druck: CS-Druck CornelsenStürtz, Berlin

ISBN 978-3-06-020707-7

Inhalt gedruckt auf säurefreiem Papier aus nachhaltiger Forstwirtschaft.